La Langue de Zemmour

Cécile Alduy

SeuilLibelle

Alerter. Informer. Questionner. Libelle a vocation à accueillir les textes courts d'auteur·e·s engagé·e·s, creusant l'information et devançant les polémiques. La collection veut pallier l'érosion du débat public en proposant des réponses argumentées et rapides aux prises de position souvent trop tranchées. Un espace de liberté pour les essayistes, d'information et de nuance pour les lectrices et lecteurs.

ISBN 978-2-02-149747-2

www.seuil.com

La Langue de Zemmour

Cécile Alduy

Paris, mars 2020. Premier confinement. Les rues se vident. Le silence règne. Éric Zemmour marche seul dans Paris désert. Quelle image lui vient à l'esprit ? « Hitler, debout dans une voiture décapotable, déambulant de la place de la Concorde aux Invalides, découvrant ébaubi comme le moindre soldat de sa victorieuse armée la [...] capitale décadente des plaisirs et de la débauche [...], une ville qu'il rêvait de conquérir, et qu'il ordonnera de détruire [...]. »
Il faut le lire pour le croire. La première image mentale qu'Éric Zemmour projette sur cette page blanche d'une métropole dépeuplée pour cause de pandémie, c'est...

Hitler. Non content d'avoir pour premier réflexe de penser « Hitler » en voyant « Paris », il se glisse aussitôt à la place du conquérant : « je croyais voir pendre une immense croix gammée rouge et noir ». Identification obscène. « Paris vide m'appartenait comme si je l'avais conquise », fantasme-t-il plus loin, imbu d'un imaginaire obsessionnel de la domination et de la guerre qui teinte tous ses écrits. Et le polémiste de trouver cela drôle : « Je riais de mes réminiscences. » Il s'empresse de brouiller les références et les registres pour estomper sa propre lubie : « Mon esprit valsait entre *Paris brûle-t-il ?* ou *La Grande Vadrouille*. » Ouf, cette vision première sidérante naissait en fait de films populaires bon enfant. Rien de grave, donc, nul contenu politique subliminal à lire ici, juste un goût peut-être exagéré, mais somme toute consensuel, pour Louis de Funès. Ou comment tourner l'effroi en grotesque (comme lorsqu'il pointera une mitraillette sur des journalistes au salon Milipol en octobre 2021, « pour rire »). Manipulation psychique et rhétorique efficace : activer d'abord le cerveau reptilien du lecteur, pétrifié devant la scène d'un traumatisme collectif, l'occupation de Paris par les nazis, puis lui accorder la jouissance compensatoire du rire complice et libérateur. Faire peur puis faire rire, terroriser puis badiner, dans

les deux cas susciter des émotions viscérales – avec un but : court-circuiter la pensée.
Éric Zemmour tourne en dérision son obsession avouée (« ma première pensée obsédante ») pour le IIIe Reich afin de prendre de court ses détracteurs et minimiser par avance ce qu'elle a de dérangeant. Mais imposer visuellement l'image de Hitler tout en édulcorant ensuite sa portée, c'est la normaliser, l'acclimater. D'ailleurs, sous la plume du chroniqueur, Hitler n'est pas si terrifiant : il « déambule » en touriste, « ébaubi » devant une ville « décadente », disqualifiée par la « débauche » et les « plaisirs ». Et hop !, en quelques mots Éric Zemmour distille en sous-main l'interprétation pétainiste de la défaite de la France en 1940, causée selon le Maréchal par un « esprit de jouissance ». Le travail de sape ne s'arrête pas là. Hitler et Pétain se télescopent soudain avec le général de Gaulle, dont le discours mémorable lors de la Libération de Paris est défiguré une phrase plus loin (et d'abord par les fautes d'orthographe) : « Paris occupée, Paris humiliée, mais Paris libérée [*sic*] », récite le polémiste, massacrant au passage l'anaphore originelle[1].
Singer Hitler, paraphraser Pétain, contrefaire et mutiler le général de Gaulle, les amalgamer dans un gloubi-boulga qui mélange scène de cauchemar

et gaudriole, dans cet extrait de *La France n'a pas dit son dernier mot* (2021) comme dans tant d'autres, la langue d'Éric Zemmour abîme notre mémoire collective et distille son poison. Elle enserre dans ses anneaux un lecteur tour à tour violenté et caressé, tétanisé et amusé, éreinte la raison historique et brouille les valeurs. À coups d'anecdotes narcissiques et de sous-entendus, l'essayiste inocule un imaginaire d'extrême droite où l'on doit s'émerveiller devant les chefs vainqueurs, quels qu'ils soient. Tout à son œuvre de propagande, la fameuse « bataille culturelle » dont il relate les combats en ouverture de son dernier livre, Éric Zemmour choque, puis biaise pour mieux imprimer notre imaginaire collectif et imposer ses filtres idéologiques.

Dans ces quelques pages prises presque au hasard, tout est là : un univers mental saturé de violence, une fascination morbide pour la guerre, la mort, la conquête et la domination, le mythe du chef charismatique, l'étalage de références historiques où archives et films populaires sont des sources de même valeur, l'insinuation qui fait entendre les leçons de Pétain tout en déclamant du général de Gaulle, les citations tronquées, l'incapacité à saisir la nouveauté d'un événement, de penser le présent

comme changement et non comme répétition du passé.
Et des points aveugles vraiment aveuglants : en ce début de pandémie, pas une pensée pour les malades, les endeuillés, les familles, les médecins, les infirmières, les gens de peu, nous tous humains dans notre humanité soudain vulnérable. Non : Hitler, Pétain, de Gaulle, Bourvil et de Funès voilà le spectacle dont rêve Éric Zemmour.
Le Paris de mars 2021 est devant lui. Un événement inouï, unique dans l'histoire, est en train de se dérouler devant ses yeux et de changer nos vies. Mais lui a des visions « de vieilles images d'archives » du Führer en train d'admirer la capitale, puis, dans les pages suivantes, des fantasmes morbides tirés du passé héroïque qu'il affectionne (la guillotine, la prise de la Bastille, Bonaparte, Molière mourant). Pas une pensée pour ses contemporains. Car Éric Zemmour habite un univers alternatif, un passé flamboyant et fabuleux où la mort n'est qu'héroïque et littéraire. « L'absence de ses habitants arrachait Paris au présent et la rendait au passé », justifie-t-il. Les Parisiens partis ont bon dos : confinement ou pas, les Français de chair et de sang et la réalité concrète sont les grands absents de tous ses livres.

Et pourtant ses fictions fascinent... Pourquoi ? En plongeant dans quinze ans de livres et de saillies médiatiques du polémiste, on repère un faisceau de procédés qui créent un processus d'emprise par les mots. Lexique, grammaire, style, ton, citations et figures de pensée insufflent dans la langue même une vision binaire du monde et des êtres et manipulent les passions. Ce discours fabrique un monde alternatif cohérent, structuré, clos sur lui-même, qui se donne les apparences de la scientificité et du vrai. Il invalide à l'avance toute pensée autre, et annule du même coup tout débat.

Dans cette « guerre culturelle » assumée, Éric Zemmour utilise les mots comme des armes. Et d'abord contre la langue elle-même. Au-delà des thèmes et des thèses explicites, tirés d'un corpus d'extrême droite nationaliste, autoritaire et xénophobe sans grande originalité, il fait violence au langage même. Insidieusement, il sape notre bien commun et notre capacité à penser. Or son discours est contagieux. Il structure les débats, s'insinue dans les conversations, conditionne le dicible et le crédible, et se diffuse sur une surface médiatique et politique sans précédent.

Il est donc urgent de disséquer ce que fait Éric Zemmour à la langue. À notre langue.

Violence des mots

Le monde d'Éric Zemmour est celui de la violence : « guerre », « mort », « ennemi », « peur », « armes », « combat » saturent ses textes. « Guerre » est le troisième nom le plus utilisé dans ses livres – une place exorbitante qui distingue le candidat à l'élection présidentielle de 2022 de tous les autres acteurs politiques. C'est vrai même pour son dernier ouvrage, qui chronique pourtant la France en paix de 2006 à 2020. Cette surabondance traduit, mais surtout impose comme cadre de pensée unique, l'idée que toutes les relations humaines – entre individus, entre sexes, entre peuples – seraient fondées sur le conflit et la lutte pour la domination. Quelle que soit l'époque. Quelle que soit l'échelle. Les nations comme les individus n'existeraient qu'en s'affirmant les uns contre les autres. Une seule alternative existentielle les définit : être victorieux ou conquis. Cette vision toxique est particulièrement frappante lorsque Éric Zemmour livre son credo des relations qu'on n'ose appeler « amoureuses » dans *Le Premier Sexe* (2006) : « la virilité va de pair avec la violence, [...] l'homme est un prédateur sexuel, un conquérant ». Ou, plus trivialement : « un garçon, ça entreprend, ça assaille et ça conquiert, [...] ça prend et ça jette ».

Dans sa propre vie, telle qu'il la relate dans ses carnets mondains, chaque conversation est une joute, chaque rencontre un défi, chaque relation un rapport de force. On « bombarde » ses « adversaires » à coup « d'artillerie idéologique » ; on plie « sous la mitraille » de leurs arguments. Éric Zemmour se met en scène comme un « soldat » dans un « combat culturel » permanent et n'envisage la politique que comme une lutte à mort : « L'essence de la politique, c'est Éros – susciter le désir des électeurs et des alliés – et Thanatos – tuer l'adversaire. » Cette pulsion de mort permanente distinguait les discours de Jean-Marie Le Pen dans les années 1990. Il était ostracisé. À l'ère du clash et du buzz, Éric Zemmour est, lui, un bon produit médiatique.
Ce vocabulaire de la violence rabâché *ad nauseam* a un double effet, affectif et cognitif. Il crée d'abord un climat de psychose. Lire Éric Zemmour, c'est plonger dans un univers apocalyptique où l'on risque d'être tabassée, violée, détroussée à peine sortie de chez soi : « Pas un jour sans vol, viol, agression dans la rue ou dans le métro. [...] Pas un jour sans son commissariat attaqué, son école brûlée, ses policiers assaillis, [...] ses pompiers caillassés, ses médecins menacés, ses professeurs insultés, ses jeunes Françaises violées, ses adolescents blessés,

ses trafiquants de drogue arrêtés et relâchés, ses passagers de RER molestés, détroussés, ses collégiens traités de “sales Français”, son vieil homme cambriolé, sa vieille femme brutalisée et assassinée. » Flambée d’adrénaline dès les premières pages de *La France n’a pas dit son dernier mot* (2021). Il ne reste plus qu’à se barricader avec une kalachnikov… et voter pour un pouvoir répressif. Terroriser les foules est le meilleur moyen de les empêcher de réfléchir au bien-fondé du discours qui les pousse à se calfeutrer.

Deuxième conséquence, cette atmosphère de violence généralisée imprime de façon subliminale l’idée qu’il faut choisir son camp. Il n’y a que des ennemis ou des alliés, pas de dialogue, de compromis, de coexistence, d’égalité, de respect possible. Dans cette vision à la fois darwinienne et nietzschéenne, il faut écraser l’autre pour survivre, symboliquement (les mâles doivent réaffirmer leur virilité), politiquement ou militairement. En réduisant le langage à des antithèses sommaires nichées dans un vocabulaire guerrier, Éric Zemmour crée des antagonismes irréconciliables où l’enjeu est la survie ou la mort. Après une conversation avec Marine Le Pen, il se désole que personne ne comprenne comme lui que « l’enjeu » de la présidentielle de 2022, soit « la mort de la France telle que nous la connaissons » (la preuve qu'il en donne tient dans l'évolution des films français – « Il suffit de regarder les films de l'époque pour s'en apercevoir »). Tout dans son discours n'est qu'« épuration sociale » (des petits commerces), « disparition » (des peuples, des pères, des frontières), « mise à mort », massacres, saccages : ainsi « la mort du patriarcat du petit mâle blanc hétérosexuel occidental signe la mort de l'Occident ». Rien que cela. Ce style structure un imaginaire morbide, anxiogène, de conflit perpétuel et d'angoisse existentielle.

Or, comme l'a analysé Jacques Ellul, « le but de la propagande moderne n'est plus de modifier les idées, mais de provoquer une action. Ce n'est plus de faire changer d'adhésion à une doctrine, mais d'engager irrationnellement dans un processus actif. Ce n'est plus d'amener un choix mais de déclencher des réflexes[2] ». La langue de Zemmour prépare les Français à agir : voter, mais aussi se défendre, voire plus. La violence contre la langue prépare de futures violences bien réelles. Éric Zemmour a été très clair à la Convention de la droite organisée par Marion Maréchal en septembre 2019 : « Les jeunes Français vont-ils accepter de vivre en minorité sur la terre de leurs ancêtres ? Si oui, ils méritent leur colonisation ; sinon, ils devront se battre pour leur libération. »

Banaliser la notion de « race »

Car ce que le polémiste veut accréditer, c'est l'idée d'une « guerre civile qui vient ». Une « guerre civile » que la langue d'Éric Zemmour veut nous habituer à penser comme « une guerre des races ». L'autre singularité lexicale d'Éric Zemmour est en effet son obsession pour la notion de « race ». Sur les sept principaux essais qu'il a publiés depuis *Le Premier Sexe* en 2006 jusqu'à 2021, il emploie plus de 135 fois ce mot qu'il qualifie lui-même de « tabou suprême ». Pour celui qui se reconnaît « xénophobe [...], mais aucunement raciste », cela fait beaucoup. À titre de comparaison, de 2012 à 2017, Marine Le Pen n'a utilisé ce mot que deux fois, toujours pour le dénoncer dans les propos d'autrui ; ses concurrents (Nicolas Sarkozy, Alain Juppé, François Hollande, Jean-Luc Mélenchon), jamais. Même Jean-Marie Le Pen en usait avec plus de parcimonie (une vingtaine de fois dans ses écrits et discours de 1990 et 2007).

Éric Zemmour, lui, modèle patiemment notre langue et notre imaginaire pour réhabiliter le mot et la chose. D'abord en inoculant le terme à petite dose pour nous réhabituer à l'entendre, nous acclimater à sa présence dans le langage politique, le normaliser. L'effet de répétition érode la vigilance du lecteur : un mot « choc » unique provoque une réaction ; une litanie épuise la capacité à réagir. Le mot n'est plus remarquable, ni remarqué. Il devient usuel, car un polémiste qui en use et en abuse l'impose à heure de grande écoute. C'est le phénomène de « fatigue mentale » face à une propagande répétitive que décrit Serge Tchakhotine dans *Le Viol des foules dans la propagande politique* (1939) : à force d'entendre le même slogan, la même idée, la conscience critique finit par se persuader qu'elle a dû déjà l'examiner par le passé et que « puisqu'il est répété, le message a déjà été justifié[3] ».

Deuxième stratégie, se cacher derrière des citations de grands auteurs du passé qui n'avaient pas nos scrupules de modernes nés après la Shoah. (Comme le théoricien du « grand remplacement » Renaud Camus, Zemmour se plaint de ne plus pouvoir parler de « race » au prétexte que les nazis ont utilisé ce mot, omettant de dire que c'est justement parce que ce mot a permis de penser et de mener l'extermination des juifs d'Europe qu'il est aujourd'hui sujet à caution.) Et d'embrigader Ernest Renan, Jules Michelet, Charles Baudelaire, le Premier ministre britannique Disraeli, Jules Ferry, Woodrow Wilson, et surtout le général de Gaulle pour rendre acceptable une notion qui a justement changé de sens et de connotations depuis. Le syllogisme implicite est consternant : le général de Gaulle a parlé « des Français jaunes, des Français noirs, des Français bruns » et de « race blanche » ; de Gaulle est un grand homme ; donc on peut parler de « race ». C'est ce qu'on appelle la manipulation par transfert affectif et transfert d'autorité : rendre acceptable une opinion problématique en construisant un message qui l'associe à une personnalité aimable ou une figure d'autorité approuvée.

Parallèlement, Éric Zemmour fait semblant d'opérer à notre place un examen critique solide de la notion. Son discours prend alors la forme d'un argumentaire historique qui remonte à « la nuit des temps » (discussion de Renan, de Bainville, de Voltaire) tout en maltraitant souvent les textes qu'il convoque. Il adore citer l'historien du début du XXe siècle Jacques Bainville (auteur nationaliste et monarchiste contestable pour comprendre le XXIe siècle) : « Les

Français ne sont ni une race ni un empire ; ils sont mieux, ils sont une nation », cite-t-il de mémoire. Une mémoire sélective car la citation originale est moins exploitable : « Le peuple français est un composé. C'est mieux qu'une race. C'est une nation. [...] Le mélange s'est formé peu à peu, ne laissant qu'une heureuse diversité. » Jacques Bainville promoteur de la « diversité » et de l'« identité heureuse » avant l'heure, cela ne cadrait pas avec le différentialisme d'Éric Zemmour. Ce dernier évacue donc ce qui ne sert pas sa monomanie.

Les longues pages explicatives sur la nation et la « race » fabriquent un mirage de scientificité. Éric Zemmour a lu, il est cultivé, il est donc sérieux ? Non, il ne l'est pas. Il est paresseux : il fait du copier-coller sélectif et prend des auteurs secondaires douteux comme modèles (Augustin Thiery, un « historien » du XIXe siècle qui a romancé l'histoire de France pour justifier sa théorie des « races conquérantes » et des « races conquises », des ministres de Philippe Pétain, les écrivains antisémites Lucien Rebatet et Robert Brasillach, etc.). Il se contredit et insulte la logique : d'un côté il applaudit les « unions mixtes » entre Gaulois et envahisseurs lorsqu'Ernest Renan note que « les Burgondes, les Goths, les Lombards, les Normands avaient très peu de femmes de leur race avec eux », de l'autre, il s'insurge contre le « culte du métissage » d'aujourd'hui entre Français et « Arabo-musulmans ». Décidément, le polémiste a un problème avec le *logos* comme capacité à penser : la logorrhée oui, la logique, non. Mais la forme de son texte (citations, répétitions de « on sait que… », dates, développements) donne l'illusion que l'auteur a réglé une fois pour toutes la validité du concept de « race ». Un concept flou mais rhétoriquement efficace dont l'auteur a besoin pour faire avancer son projet politique.

Car il a beau prôner « l'assimilation » et remarquer avec Ernest Renan que la nation française s'est construite d'un tissage de peuples au départ différents (ce qu'Éric Zemmour baptise, lui, « le mélange des races et des peuples » pour glisser de nouveau cette idée de « race »), son filtre est systématiquement celui d'un déterminisme des origines, voire des « gènes » (« une tradition inscrite [...] dans la chair et les gènes de ce juif alsacien », dit-il pour parler de Claude Lévi-Strauss). Ses textes regorgent d'un vocabulaire identitaire, ethnique, racial ou religieux, et ces notions sont allègrement confondues par amalgame au fil des pages : « juif » est le 16e adjectif le plus utilisé dans ses livres (plus que « social » ou « économique »), mais ce sont aussi

« arabe » (37e), « blanc » (39e), « catholique » (40e), « musulman » (41e) qui sont surreprésentés. Tout ceci parsemé de stéréotypes raciaux dans le plus pur style colonial : Obama est « élégant, distingué, racé. Un corps de félin ». D'Omar Sy il souligne le « corps musclé et félin, [le] sourire béat, [le] regard vide » ; d'Assa Traoré la « tignasse de jais ». Des lunettes racialistes qu'il chausse même au visionnage de comédies bon enfant. Le film *Qu'est-ce qu'on a fait au Bon Dieu ?* « entérine[rait] le "grand remplacement" dans la joie et la bonne humeur ». Quant à *Intouchables,* le film à succès d'Olivier Nakache et Éric Toledano, c'est une « parabole » de « l'Europe riche, mais paralysée, physiquement et moralement, [qui] trouvera son salut si elle s'abandonne aux mains de l'Afrique. Le véritable sens du film est dans cette régénération de la race décadente par la race dynamique. [...] Le Blanc est devenu le fardeau de l'homme noir ». On note que le terme de « race » n'a même plus de guillemets tant il est considéré comme un concept opératoire acquis, banalisé.
Éric Zemmour passe son temps à laver l'honneur d'« une France prétendument raciste ». Il défend les « Dupont Lajoie beaufs et racistes » (ou parfois « beaufs racistes et misogynes », ou, variante plus exhaustive, « beaufs franchouillards, alcooliques,

racistes, machos », dixit Zemmour) qui auraient pour seul tort de ne pas vouloir être « remplacés ». Mais sa défense consiste uniquement à réhabiliter l'idée de « race » en assignant systématiquement ses interlocuteurs à leurs origines et en insistant sur leur couleur de peau. « J'ai l'impression gênante d'être le seul à dire ce que je vois et à voir ce que je vois. Cette lente et inexorable submersion démographique », confie-t-il. Voilà : Éric Zemmour regarde la France et voit « des gens pas comme nous » – mais il enrobe ce racisme assez primaire d'envolées lyriques sur l'histoire de France et de citations érudites pour se draper dans une posture de mage et d'« intellectuel ».

Violence contre la langue : Dissoudre le sens

« Il ne faut pas négliger les guerres linguistiques », prévient Éric Zemmour. Dont acte. Il s'est effectivement lancé dans une guerre par les mots, mais contre la langue. L'auteur du *Suicide français* ne se contente pas de remettre en circulation des termes qui ont permis d'imaginer et de mettre en application le pire. Il s'attache aussi à tordre le sens des mots qui le dérangent pour miner la légitimité d'un héritage républicain et humaniste qu'il méprise. Cela va des inversions de sens les plus retorses à un travail de sape systématique envers certaines valeurs. Comme il pense de manière binaire, on assiste souvent à un retournement pur et simple du sens, dans une stratégie rhétorique du miroir parfois assez audacieuse, où les dominés sont en fait les dominants, et vice-versa. Ainsi l'auteur du *Premier Sexe* n'hésite-t-il pas à affirmer comme une vérité établie (en dépit de toutes les statistiques qui la contredisent) qu'à partir des années 1990 « les femmes s'imposent partout, l'on ne parle que de parité en politique ou dans l'entreprise, [...] les valeurs féminines dominent la société ». C'est même la thèse du livre : nous vivrions depuis les années 1970 (les dates changent en effet au fil des pages) dans un « nouvel ordre, urbain, matriarcal, antiraciste » car « à partir du moment où la puissance paternelle est abattue par la loi, le matriarcat règne ». C'est l'avantage des thèses affirmant des « mutations anthropologiques » majeures que de pouvoir énoncer des maximes grandiloquentes sans jamais avoir besoin d'être vérifiées par de quelconques faits sociologiques ou économiques. Il suffit d'une loi contre le harcèlement sexuel en

1992 (rebaptisée « surveillance judiciaire du désir » par le polémiste) pour établir que nous vivons dans un « matriarcat de fait ». Les termes tels que « matriarcat » ou « domination » ne sont plus ici que des mots épouvantails, leur sens originel en ressort essoré.

Au titre des inversions en miroir, on peut aussi citer le libéralisme qui est « totalitaire et *liberticide* » (2021, notre italique), et surtout la reprise en main du couple « colonisé » et « colonisateur ». Zemmour adhère à la thèse de la « mission civilisatrice » de la colonisation et pourfend toute « repentance » à ce sujet. (« Quand le général Bugeaud arrive en Algérie, il commence par massacrer les musulmans, et même certains juifs. Eh bien, moi, je suis aujourd'hui du côté du général Bugeaud. C'est ça, être Français », CNews, 23 octobre 2019.) Mais par une curieuse triangulation, il veut aussi profiter des connotations négatives de la « colonisation » pour les retourner contre l'immigration. C'est la théorie de la « contre-colonisation » ou de l'« invasion » à l'envers. Par un tour de passe-passe, Éric Zemmour remonte à une hypothétique racine grecque pour édulcorer le mot « colonie » et le réduire à une simple occupation de territoire (sans la dimension géopolitique, économique et hégémonique du sens moderne) afin de stigmatiser des « quartiers » qu'il a préalablement unifiés ethniquement d'un trait de plume comme habités par des « jeunes venus du Maghreb et d'Afrique ». « Le mot "colonie", qui avait d'abord été forgé dans l'Antiquité pour désigner les cohortes de Grecs essaimant sur tout le pourtour de la Méditerranée, comme à Marseille, semblait correspondre à leur installation spectaculaire dans les banlieues des grandes cités de l'Hexagone » (*Le Suicide français*). Cette contorsion étymologique a de redoutables implications : elle suppose et enracine l'idée que ces « jeunes » ont toujours été et seront à jamais des étrangers. Leur origine est un déterminisme : Éric Zemmour joue sur l'ambiguïté de la formule « venus de » pour les rendre étrangers pour toujours, même s'ils sont français nés en France.

Mais le mot de « colonie » accomplit davantage que l'exclusion d'une partie de la population : elle rend cette étrangeté menaçante, hostile. Elle traîne dans son sillage le champ sémantique et l'imaginaire collectif de la colonisation – ces souvenirs de massacres qu'Éric Zemmour prend soin de rappeler. Le mot convoque des images dignes du *Camp des Saints* de Jean Raspail qui permettent d'annoncer, une fois de plus, la « guerre des races » : « Une contre-société forge peu à peu un contre-peuple dans le cadre d'une contre-colonisation. » Par une logique implicite imparable, si ces « jeunes venus du Maghreb et d'Afrique » se sont implantés dans des « colonies » en France, c'est bien qu'ils sont des « colonisateurs », à l'instar du cinéaste Rachid Bouchareb (« Il n'avait pas une attitude d'immigré mais de colonisateur », *La France n'a pas dit son dernier mot*). Il ne reste qu'à instrumentaliser l'écrivain anticolonialiste Frantz Fanon en détournant l'une de ses phrases : « Le colonisé est un persécuté qui rêve en permanence de devenir persécuteur. » Ou comment tirer les bénéfices politiques de la rhétorique du miroir et profiter des connotations péjoratives que les mouvements anticolonistes ont ajoutées à « colonisation » tout en vidant ce dernier d'un sens précis pour l'ériger en fantasme.

À côté de ces manipulations, où des signes sont comme « décollés » de leur sens originel pour être recollés sur d'autres objets pourtant impropres, Éric Zemmour procède aussi par exténuation du sens des mots, soit par hyperbole destructrice, soit par moquerie dévalorisante. Certains mots implosent sous la pression d'une exagération hyperbolique. C'est le cas de « totalitarisme » appliqué à n'importe quel courant de pensée ou phénomène de société contraire au conservatisme réactionnaire du polémiste. Ainsi du « totalitarisme de la transparence » qui frapperait d'interdit aventures sexuelles et infidélité. La preuve ? Dans un téléfilm, une épouse dit à son mari : « On avait dit plus de secrets. » Et l'auteur du *Premier Sexe* de convoquer... Staline : « Staline aussi détestait les secrets. C'est même le premier principe de fonctionnement d'un régime totalitaire. » Le féminisme et jusqu'à la mixité à l'école n'échappent pas à la qualification grandiloquente de « totalitaires » : « le féminisme est un "-isme" du XXe siècle qui ne peut échapper à ses démons totalitaires » ; « Nous vivons [...] une époque de mixité totalitaire, castratrice. » L'abus de langage sert d'offensive destructrice contre des cibles politiques mais il abîme le mot tout autant que la cible. Utiliser le terme de « totalitarisme » comme une arme, plutôt que comme un concept descriptif précis, c'est le faire exploser en vol. Le soustraire à notre arsenal de pensée.

À l'inverse, Éric Zemmour vide de sens d'autres mots fondateurs non par exagération mais en les tournant en dérision. Il fait un usage systématique des guillemets ironiques pour dénier l'existence même d'un sens ou d'une validité à des expressions comme « égalité entre les femmes et les hommes »,

« discriminations », « discours de haine », « communauté musulmane », « violences policières », etc. (« Pas un jour sans que la police ne soit accusée de "violences policières", de "racisme systémique", de "contrôles au faciès".) Discréditer la langue des autres, c'est refuser tout dialogue, forclore tout débat et s'ériger en seule parole légitime.

Mais Éric Zemmour va plus loin et érode des valeurs qui forment le socle de la société française et du régime républicain. Dans *Destin français,* il jette son acide sur l'État de droit lui-même, ou plutôt « l'idéologie sacrée qu'ils appellent "État de droit" » selon lui. Ces attaques populistes contre l'institution judiciaire, et notamment le Conseil d'État et le Conseil constitutionnel, vont de pair avec le dénigrement de la « sacro-sainte égalité » (pourtant un pilier du pacte républicain) et de ce qu'il renomme « la religion des droits de l'homme » ou « droits-de-l'hommisme ». Ailleurs, il met entre guillemets ironiques « dignité humaine », « valeurs républicaines », « droits humains » et même « Shoah », comme si ces expressions étaient risibles, indigentes, voire fallacieuses. L'auteur raille ainsi le discours qui condamne la collaboration et les camps de la mort en citant avec sarcasme « le bréviaire indispensable à tout honnête homme occidental qui

se [doit] de repousser “les heures les plus sombres de notre histoire” ». Le sarcasme salit les mémoires et désacralise les valeurs. Il embrigade le lecteur dans un rire mauvais, une jouissance quasi sadique à profaner le politiquement correct. Le rire sardonique habitue au cynisme. Il anesthésie l’empathie et la conscience critique.
On ne peut s’empêcher de penser aux remarques de Victor Klemperer sur *La Langue du Troisième Reich* :

> Dans la LTI [Langue du Troisième Reich], l’emploi ironique [des guillemets] prédomine largement sur le neutre. Parce que la neutralité justement lui répugne, parce qu’il y a toujours un ennemi à déchirer.

Zemmour forge une langue autarcique, antirépublicaine, qui ne souffre pas l’existence des mots des autres.

Raconter des histoires

Éric Zemmour passe son temps à raconter des histoires, au sens propre comme au figuré. Il a privilégié depuis le début de sa carrière d’écrivain le

mode narratif comme instrument de persuasion : ses livres sont soit des chroniques mondaines et politiques (*Le Bûcher des Vaniteux* ; *Un quinquennat pour rien* ; *La France n'a pas dit son dernier mot*), soit des fresques historiques (*Mélancolie française* ; *Destin français* ; *Le Suicide français*). Les deux types d'ouvrages ressortissent pourtant des mêmes genres : la fable et la propagande.
Dans ses chroniques, la part de fable tient à la visée morale, au sens des moralistes du XVIIe siècle : toute anecdote est une parabole. Elle prouve soit un travers des élites ou du monde contemporain, soit une « mutation » anthropologique ou démographique « majeure ». La chanson de Charles Aznavour « Comme ils disent », sur des amours homosexuelles, en 1972 ? Elle « marque une mutation historique, sociologique, économique aussi, presque anthropologique ». Le tube bilingue « J'ai cherché », du franco-israélien Amir Haddad, sélectionné pour représenter la France à l'Eurovision de 2016 ? « Une parabole de notre destin national. » Il n'est pas jusqu'à Johnny qui ne « symbolis[e] notre abaissement géostratégique ». Le filtre idéologique est tellement aveuglant, qu'il n'y a guère qu'au foot qu'Éric Zemmour arrive à outrepasser sa focalisation sur la couleur de peau pour se réjouir de la

victoire de la France en Coupe du monde, et encore, après un tacle sur les « impressionnants physiques venus d'Afrique » d'une sélection qui privilégie « le gabarit sur la technique » (lire : la force musculaire sur l'intelligence) et « symbolise les bouleversements de la population française ».
Comme chez La Bruyère, les personnages, à moins d'être des héros ou du même camp, sont réduits à des « types », des symboles ou des caricatures. L'historien Patrick Boucheron est « l'archétype de cette intelligentsia française francophobe qui se couche aux pieds de l'étranger ». Déjeuner un jour avec Pierre Bellanger, président de Skyrock, et le lendemain avec Renaud Camus, théoricien du « grand remplacement », c'est « comme si en 1942, j'avais rencontré à la suite un collabo et un résistant ». Même dans son activité de chroniqueur mondain et de commentateur de l'actualité, on reste dans une lecture orientée, loin de l'éthique journalistique. Mais le règne de l'anecdote permet de capitaliser sur l'aura de véridicité des faits divers relatés : par extension, le texte entier se teinte des couleurs du vrai, comme validé par la présence d'événements vérifiables alors que règnent pourtant la subjectivité et le parti pris. La violence verbale contre les individus (satire, dédain, insultes) se double d'une violence contre les

savoirs, et d'abord contre l'histoire comme discipline scientifique. Les livres « d'histoire » d'Éric Zemmour relèvent de l'hagiographie (récit enjolivé des vies de saints et de rois), de l'œuvre à thèse et du roman national. Dans « roman national », expression que revendique l'auteur de *Destin français*, on retiendra surtout le terme de « roman ». C'est peu de dire qu'Éric Zemmour livre une version romancée de l'histoire de France. De Clovis à de Gaulle, on plonge dans une geste de cape et d'épée qui célèbre une épopée idéalisée de grandeur puis de décadence. Grands hommes et traîtres en sont les seuls personnages (comme l'a noté Gérard Noiriel dans *Le Venin dans la plume*[4], le peuple français n'existe pas dans les fresques du polémiste, uniquement enamouré des chefs charismatiques, les « surhommes » comme Napoléon). Le polémiste amalgame sans hiérarchie des « sources » disparates, un film de Gérard Oury (comparé à Molière et de Gaulle) ayant souvent plus de crédit que des ouvrages érudits.

Les chercheurs ont déjà relevé les contresens historiques, les approximations, les contre-vérités qui abondent dans ses livres. Ils ont minutieusement réfuté, documents à l'appui, certaines de ses thèses sur la Révolution ou le régime de Vichy. Sans effet, car on ne combat pas des mythes avec des archives.

Éric Zemmour a pour lui la vérité d'une forme close qui répond à un puissant besoin de compensation imaginaire. Il livre le mythe d'une France glorieuse qui n'a pas failli et une rationalisation en apparence érudite de préjugés et de haines banals.
Comme le note Roland Barthes dans *Mythologies*,

> le mythe ne nie pas les choses, sa fonction est au contraire d'en parler : simplement, il les purifie, les innocente, les fonde en nature et en éternité, il leur donne une clarté qui n'est pas celle de l'explication, mais celle du constat [...]. En passant de l'histoire à la nature, le mythe fait une économie : il abolit la complexité des actes humains, leur donne la simplicité des essences, [...] il fonde une clarté heureuse ; les choses ont l'air de signifier toutes seules[5].

Éric Zemmour livre en effet une trame épurée où se lisent clairement ce qu'il nomme les « vieilles lois de l'humanité », gommant les contingences, les aléas, les inconnues.
Il formate son texte pour créer un effet de rationalité et de lisibilité maximal : la grammaire du récit crée le mirage d'une histoire simple et limpide dans ses leçons, voire prédictive. Le présent historique narre les événements comme si nous en étions les

témoins. Il s'entremêle au présent de vérité générale qui assène des maximes irréfutables. La syntaxe vaut preuve : l'indicatif, mode du réel et des faits avérés, domine. Le piège narratif se referme sur le lecteur, happé par une saga palpitante : ce qui est narré a dû arriver, ce qui est bien conté doit être vrai. Peu importe que les sources soient apocryphes, peu fiables ou contestables.

Comme le maître à penser du courant nationaliste contre-révolutionnaire Charles Maurras, qui édicte que l'ordre politique est régi par des « lois naturelles » aussi infaillibles et objectives que celles de la biologie, Éric Zemmour promulgue des vérités définitives destinées à clore tout débat : « On sait [...] que les lois de la démographie s'imposent toujours en histoire » ; « les lois de l'évolution [...] président aux destinées humaines depuis l'aube de l'humanité. » Avec ses maximes impersonnelles et catégoriques (« on se souvient que », « c'est parce que », « on sait que », « c'est », « toujours »), Éric Zemmour peut s'exonérer de toute mise en contexte et faire le grand écart entre des situations distantes de plusieurs siècles, car « l'histoire de France repasse toujours les mêmes plats ».

D'un trait de plume, l'auteur renie toute historicité, toute contextualisation, toute différence entre lieux, cultures et époques. Louis XVI est condamné à mort « *parce qu*'il a subi l'influence de l'Autrichienne et des émigrés efféminés » (notre italique), *donc* les femmes ont *toujours* une influence néfaste en politique. Le Kosovo est un pays miné par les conflits religieux, l'islam et le salafisme progressent en Seine-Saint-Denis, *donc* « Le Kosovo est l'avenir de la Seine-Saint-Denis ; la Seine-Saint-Denis est l'avenir de la France ». C'est le règne du syllogisme et de l'analogie généralisée. L'essayiste annule la contingence historique, replie le présent sur la répétition du passé et condamne à l'avance toute évolution, tout progrès, toute liberté collective ou individuelle de s'émanciper des usages ou des déterminismes – mais aussi tout contre-argument. Dans ce récit qui évacue l'histoire au profit du mythe, la « nature » préside aux destinées – notamment des femmes. (« Les règles de l'évolution darwinienne et de la biologie démontrent [...] qu'on ne devient femme que parce qu'on est née femme ».) Qui pourrait contredire la « nature » ?

Ainsi, dans ses chroniques comme dans ses livres historiques, son *récit* n'est que le paravent d'un *discours* de propagande. La différence entre discours et récit est que le premier type de texte est pris en charge par une personne qui s'adresse à d'autres, dans une situation de communication explicite : la subjectivité du point de vue est une donnée immédiatement perceptible, avouée. Le récit relate des faits, et pour peu que l'auteur donne l'illusion de s'effacer derrière la narration, semble dérouler les choses telles qu'elles sont. En choisissant le mode narratif pour avancer ses thèses, en repliant l'Histoire sur la nature, Éric Zemmour les soustrait à la discussion et présente des opinions comme des vérités.

Contresens pour une contre-révolution

Éric Zemmour ne se contente pas de romancer l'histoire de France. La réécriture élogieuse d'un passé idéalisé suppose au préalable de biffer les pages qui la contrediraient, et, à défaut, de griffonner par-dessus pour les rendre illisibles. D'un côté, il lisse le *continuum* historique en une fresque sans aspérité, de l'autre, il brouille à dessein les moments qui ne cadrent pas avec sa lecture conservatrice. La glorification de Clovis, Saint Louis, Napoléon a pour contrepartie la profanation d'autres idoles : Voltaire, de Gaulle, Beauvoir, Sartre. L'entreprise d'idéalisation s'élance sur les ruines de tout un héritage philosophique, démocratique et républicain, maculé de ratures qui instillent le doute ou proposent une lecture déformante.

Éric Zemmour a tout à fait le droit de détester Voltaire ou d'être en désaccord avec les penseurs des mouvements d'émancipation. Libre à lui d'avoir des convictions conservatrices, nationalistes ou de préférer un modèle familial et sociétal traditionnel. Ce ne sont pas ses opinions qui sont en cause – elles font partie du champ démocratique. Mais l'auteur du *Suicide français* ne se contente pas d'exprimer des opinions, ni même, comme nous venons de le voir, de les présenter comme des vérités. Il a entrepris de détruire le sens même de l'engagement de ses adversaires en triturant leurs écrits : de les phagocyter afin de les liquider de l'intérieur.

Chez le polémiste, le contresens intentionnel est une arme de destruction de l'adversaire. Il a beau jeu de citer *Le Deuxième Sexe* de Simone de Beauvoir pour montrer que les femmes sont des cruches qui ne sont « pas faites pour les sciences supérieures » comme aurait dit Hegel (quel consensus autour de l'inanité des femmes !) : « Une femme n'aurait jamais peint les tournesols de Van Gogh ; une femme n'aurait jamais pu devenir Kafka... », pioche-t-il dans *Le Deuxième*

Sexe. Dommage d'avoir omis toute l'introduction de ce passage qui lui donne son sens :

> Les hommes que nous appelons grands sont ceux qui [...] ont chargé leurs épaules du poids du monde [...]. C'est là ce qu'aucune femme n'a jamais fait, ce qu'aucune n'a jamais pu faire. Pour regarder l'univers comme sien, pour s'estimer coupable de ses fautes et se glorifier de ses progrès, il faut appartenir à la caste des privilégiés ; à ceux-là seuls qui en détiennent les commandes il appartient de le justifier en le modifiant, en le pensant, en le dévoilant.

Le texte de Beauvoir est clair (encore faut-il le lire en entier). Il n'y a pas encore eu de Van Gogh femme car les femmes n'ont pas eu la possibilité, socialement et politiquement, de se considérer comme en charge du monde : « Tant qu'elle a encore à lutter pour devenir un être humain, elle ne saurait être créatrice. » Elle fait un constat historique, à une date précise, sur les conditions d'existence et d'expression artistique des femmes. Éric Zemmour, lui, essentialise (prétendre qu'une existentialiste essentialise, il fallait oser). La mauvaise foi consiste à prétendre que Simone de Beauvoir a publié un « livre misogyne » (dixit Éric Zemmour) après avoir expurgé le texte de sa logique et de sa thèse principale. Au lieu d'engager un dialogue avec l'ouvrage qu'il conteste, d'en réfuter les arguments honnêtement, le polémiste le mutile, le replie dans sa langue à lui. Incapable de penser avec l'autre en cas de désaccord, hermétique à d'autres systèmes de pensée, au lieu de lire, il censure, rature, caviarde.

Mais la langue d'Éric Zemmour va plus loin encore : elle triture si bien les mots et les sources qu'elle fait s'échanger les contraires, se fondre les opposés. Une confusion visqueuse qui entrave le travail de la pensée critique, qui s'efforce, elle, de raisonner avec des idées claires et distinctes. Deux chapitres entiers de *Destin français* travaillent à fusionner, phrase par phrase, syllabe par syllabe, les figures de Pétain et du général de Gaulle et ce qu'elles représentent, politiquement et historiquement.

Cela commence par la fable des frères siamois : « Ils se sont tant aimés. Tant ressemblés. Tant admirés. Tant soutenus. Tant compris. [...] Ils se contemplaient l'un l'autre comme dans un miroir. » Ainsi débute, comme hors du temps, le chapitre sur Philippe Pétain. Pétain et de Gaulle ne sont pas encore nommés qu'ils forment déjà un « ils » fusionnel et se regardent les yeux dans les yeux, amoureusement. Pétain et de Gaulle reflets l'un de l'autre. Il ne s'agit même pas d'une image inversée. Non, ils sont l'exacte réplique l'un de l'autre : « La même superbe, le même mépris, le même cynisme. La même insensibilité. » L'entrée en matière suspend hors de l'histoire les deux figures phares de la Seconde Guerre mondiale pour tisser leurs similarités de *nature*. Comme s'ils n'avaient pas justement prouvé par leurs actes et l'exercice de leur libre arbitre à des tournants précis, situés, de l'histoire de France que le milieu (origines, religion, milieu intellectuel et professionnel) n'est pas un destin. Mais entrelacer « Charles » et « Philippe » au gré d'une idylle fantasmée à l'imparfait (« Philippe emmenait Charles visiter le champ de bataille de Verdun [...]. Charles ne rêvait que de rendre à son tour un service aussi signalé à la patrie ») instille l'idée d'un compagnonnage substantiel, premier. D'ailleurs, ils sont « de la même famille » ; au pire ils sont des « frères ennemis ».

À coups d'ellipses et de citations orientées, les chapitres vont tresser le mythe d'un de Gaulle complémentaire et quasi complice de Pétain jusqu'au bout. Contre toute vraisemblance – pire, en dépit de toute vérité historique documentée –, Éric Zemmour les fait dialoguer à distance et soutenir tous deux la thèse du « glaive et du bouclier ».

Il cite longuement, sans recul critique, le message prêté au maréchal Pétain le 11 août 1944 pour justifier rétrospectivement la collaboration par cette métaphore. Il y juxtapose, sans transition ni commentaire, un propos apocryphe du général de Gaulle cité par le colonel Rémy : « Il faut toujours que la France ait deux cordes à son arc. En juin 1940, il lui fallait la corde Pétain aussi bien que la corde de Gaulle », aurait dit le Général. Et Éric Zemmour de conclure, avec son style insidieux habituel : « Le glaive et le bouclier, de fait. Dans les faits. Le glaive et le bouclier dans les têtes. Dans leurs têtes. » Tout à ses rimes et ses insinuations, à ses amalgames et ses glissements de sens, il oublie de préciser que le colonel Rémy, ancien résistant, se rallie en 1947 à la cause de la réhabilitation de Pétain et que le général de Gaulle lui-même se fend d'un communiqué cinglant le 14 avril 1950 pour violemment démentir cette interprétation révisionniste.
Le lecteur, lui, se trouve englué dans cette langue qui instille le doute, corrode les savoirs historiques et édulcore les différences entre des positions politiques et éthiques diamétralement opposées. Chez Zemmour, Pétain c'est de Gaulle et de Gaulle c'est Pétain. Les phrases enlacent les deux hommes au gré de figures de comparaison et d'union : « Pétain

comme de Gaulle » (sept fois), « tous deux », « Pétain et de Gaulle », « de Gaulle après Pétain ».
Jusqu'à la contamination de leurs noms. Au moment de conclure son chapitre sur de Gaulle, vainqueur en 1944, l'auteur lâche : « C'est la grande inversion. Nous sommes en 1940, mais à l'envers. Pétain est de gaullisé, de Gaulle est pétainisé. » Éric Zemmour se croit subtil et provocateur en sous-entendant par cette formule qu'il fallait aimer Pétain et rejeter de Gaulle en 1940, et aimer de Gaulle et haïr Pétain en 1944. La belle affaire de nous révéler avec un sourire narquois que les Français se sont rangés derrière le Maréchal en 1940, puis derrière le Général à la Libération. Le polémiste exploite ce renversement de situation pour rendre les hommes interchangeables par pur effet esthétique. Le chiasme « *Pétain* est *de gaullisé* // *de Gaulle* est *pétainisé* », qui dispose en miroir deux groupes de mots en inversant leur ordre, établit une symétrie parfaite et suggère leur identité et leur interchangeabilité. Mieux, le nom de l'un devient l'attribut de l'autre : Pétain adjective de Gaulle. Mais dans ce tour de passe-passe purement rhétorique, Éric Zemmour est la seule personne qui « pétainise » le général de Gaulle.

Un manichéisme identitaire : préparer les esprits

L'amalgame et l'antithèse sont les deux grandes figures de style d'Éric Zemmour. D'un côté, le polémiste efface les différences pour unifier dans un même magma idéologique des moments ou des personnalités dissemblables (Pétain = de Gaulle ; le Kosovo = la Seine-Saint-Denis), de l'autre il dresse des catégories étanches, antagonistes, pour les séparer, et même exclure tout un pan de la société française comme distincte par nature. Le manichéisme identitaire suppose d'un côté que l'identité française soit une et identique à elle-même au fil des âges, de l'autre qu'elle se purifie de tout ce qui pourrait altérer son essence. Pétain et de Gaulle ne peuvent qu'être proches et complémentaires car tous deux représentent la France comme entité et valeur transhistorique, une France définie pour Éric Zemmour par les penseurs contre-révolutionnaires comme Bainville, Taine, Barrès, ou Maurras. Inversement, tout changement apporté à cette image figée doit être éradiqué et l'acide de l'insulte, de l'ironie, du grotesque servira à corroder le sentiment d'une humanité commune et anesthésier toute compassion. Solidification des identités et liquéfaction du sens et des valeurs vont de pair.

Dans son dernier livre, *La France n'a pas dit son dernier mot*, Éric Zemmour décide de rédiger une entrée au 22 mars 2012, date de l'assaut final des agents du RAID contre le terroriste islamiste Mohammed Merah, qui vient alors d'assassiner au nom d'Al-Qaïda sept personnes, dont un enseignant et trois enfants d'une école juive, tués parce que juifs, à Toulouse. Éric Zemmour intitule son chapitre : « La terre et les morts ». Premier coup à l'estomac. Pour « réfléchir » comme il dit, à cette tuerie, il convoque donc Maurice Barrès, l'écrivain violemment antisémite qui eut cette repartie tristement célèbre : « Que Dreyfus est capable de trahir, je le conclus de sa race ».
Suit une banalisation de l'attentat, noyé dans une liste de massacres qui se sont déroulés à travers l'histoire, pour démontrer cette maxime : « C'est une banalité que de dire que la violence et la cruauté sont le propre de l'homme. » Comme toujours, mais avec une abjection ici particulièrement insoutenable, l'auteur n'est capable de penser cet événement inouï que comme une « loi naturelle » et la répétition d'une histoire millénaire, cette fois illustrée par les heures les plus sanglantes de la Révolution ou les invasions barbares dans la Rome antique. (Il ne peut s'empêcher aussi d'en profiter

pour salir non seulement ses adversaires politiques, mais les valeurs qui sont justement attaquées par l'attentat : « Mohammed Merah tue au nom d'une "religion de paix et d'amour" comme on a tué au nom des droits de l'homme ou des lendemains qui chantent ».)

Cette banalisation a une double finalité : imposer par l'analogie que le terroriste n'est que le soldat d'une guerre civile et de colonisation qui vient, et préparer les Français au réarmement et à la violence. La logique est sous-entendue, mais limpide : si les Français veulent éviter de connaître le sort des « citoyens romains, amollis par les raffinements de la *Pax romana* et du christianisme, [qui] ne veulent plus se battre » et ont donc fini « égorgés », ou celui des nobles guillotinés sans résistance sous la Révolution car « devenus des courtisans maniant plus volontiers l'épigramme que l'épée », il faut reprendre les armes : « Nous sommes les Romains de la décadence ou les aristocrates de la Révolution, et Mohammed Merah et ses pareils sont les barbares et les sans-culottes de notre temps. » Ou comment présager et encourager implicitement une lutte à mort contre « Mohammed Merah *et ses pareils* », avec toute l'ambiguïté de cette expression, qui peut s'appliquer autant aux islamistes à strictement parler qu'aux « barbares » au sens du grec ancien, où le terme désigne les « étrangers » appartenant à une autre civilisation. Or Éric Zemmour a prévenu : « Il faut choisir son camp dans cette guerre de civilisations qui se déploie *sur notre sol.* » Sous-entendu : avec l'islam.

Mais Éric Zemmour va plus loin. Plus loin dans l'abject. Car qui est ce « nous » qu'il oppose aux « barbares [...] de notre temps » ? Pas celui des victimes. À peine évoquées, elles ont disparu, recouvertes par les digressions historiques. L'auteur les a subtilisées car, pour lui, elles n'ont, littéralement, pas droit de cité : « enterrés en Israël », les enfants assassinés sont irrémédiablement disqualifiés comme étrangers sous le couperet de la loi barrésienne de « la terre et des morts ». En un télescopage obscène, l'auteur conclut par une « tirade hilarante » des *Tontons flingueurs* sur le pays où il faut « laisser ses os » quand on est un bon Français, entrechoquant les registres du grotesque et de l'horreur dans un étalage de xénophobie qui met dans le même panier des étrangers honnis, les victimes et le terroriste : « Assassins ou innocents, bourreaux ou victimes, ennemis ou amis, ils voulaient bien vivre en France [...] mais pour ce qui est de laisser leurs os, ils ne choisissaient surtout pas la France. Étrangers avant tout et voulant le rester par-delà la mort. » La langue du polémiste nous habitue à ne plus voir des enfants, mais des étrangers. On sait ce que vaut la vie d'un juif étranger pour Zemmour.

Dans son ouvrage prémonitoire de 1895, *Psychologie des foules,* Gustave Le Bon notait déjà :

> La puissance des mots est si grande qu'il suffit de termes bien choisis pour faire accepter les choses les plus odieuses[6].

Éric Zemmour l'a bien compris. Depuis plus de quinze ans, il propage non seulement des thèses et des idées d'une rare violence, mais une langue qui porte en germe la possibilité du pire. Une langue qui nous habitue à voir des « races » plutôt que des personnes, des « étrangers » plutôt que des enfants, des ennemis plutôt que des concitoyens. Sous sa plume, le sens des mots se brouille, les concepts politiques se dissolvent ou s'inversent, l'ironie attaque comme un acide les valeurs humanistes. La torsion des mots et de l'histoire y est la norme. L'obsession raciale omniprésente. Éric Zemmour alterne l'abject et le grotesque pour nous engluer dans la révulsion viscérale et la jouissance sadique et abolir toute possibilité de réflexion. Son manichéisme identitaire nous conditionne à une logique d'affrontement, tandis qu'une dramatisation apocalyptique fabrique une France alternative. Ses récits ont la puissance explicative du mythe et nous plongent dans un état de sidération. La langue, essorée de sa capacité à nous faire penser, écouter et débattre, devient un instrument de perversion antidémocratique.

Il faut prendre au sérieux le projet politique d'Éric Zemmour. Le 17 septembre 2021, lors d'un meeting à Toulon, l'auteur du *Suicide français* se vantait : « Je pense pouvoir inoculer au peuple français ma volonté. » Depuis plus de quinze ans, livre après livre, phrase après phrase, Éric Zemmour manipule le langage, les textes et l'histoire pour instiller au cœur même de notre bien commun, de notre seul instrument de débat démocratique – la langue –, des logiques destructrices, du sens et des hommes. Victor Klemperer écrivait : « La langue [est le] moyen de propagande le plus puissant, le plus public et le plus secret. » Il est temps de refuser de céder la moindre virgule, le moindre mot à cette entreprise d'exténuation du langage et d'assèchement des cœurs.

Notes

Toutes les citations des textes d'Éric Zemmour sont extraites
des ouvrages suivants :

Le Premier Sexe, Denoël, 2006.

Mélancolie française, Fayard/Denoël, 2010.

Le Bûcher des Vaniteux, Albin Michel, 2012-2013.

Le Suicide français, Albin Michel, 2014.

Un quinquennat pour rien, Albin Michel, 2016.

Destin français, Albin Michel, 2018.

La France n'a pas dit son dernier mot, Rubempré, 2021.

1 La citation du général de Gaulle est : « Paris outragé ! Paris brisé ! Paris martyrisé ! mais Paris libéré ! »

2 Jacques Ellul, *Histoire de la propagande*, Presses universitaires de France, 1967, p. 36-37.

3 Serge Tchakhotine, *Le Viol des foules dans la propagande politique,* Gallimard, 1939, p. 95.

4 Gérard Noiriel, *Le Venin dans la plume. Édouard Drumont, Éric Zemmour et la part sombre de la République,* La Découverte, 2019.

5 Roland Barthes, *Mythologies*, Seuil, 1957, p. 145.

6 Gustave Le Bon, *Psychologie des foules* (1895), Presses universitaires de France, « Quadrige », 2013, p. 62.

Cécile Alduy est professeure de littérature et de civilisation françaises à l'université Stanford (États-Unis), et chercheuse associée au CEVIPOF à l'Institut d'études politiques de Paris. Spécialiste en analyse du discours politique, elle a publié au Seuil *Ce qu'ils disent vraiment. Les politiques pris aux mots* (2017) et *Marine Le Pen prise aux mots. Décryptage du nouveau discours frontiste* (2015), lauréat du prix « Penser la société » 2015 du *Panorama des Idées*. Journaliste politique, elle écrit régulièrement pour *Le Monde*, *AOC*, *Le Nouveau Magazine littéraire*, *L'Obs*, *The Atlantic*, *The Nation*, *The Boston Review*, *Politico*, *CNN* et a publié de nombreux articles universitaires sur l'extrême droite.

Déjà parus

Laure Murat
Qui annule quoi ?
Sur la cancel culture

Cécile Alduy
La Langue de Zemmour

Julia Cagé
Contre Bolloré
Pour une télé libre

Thomas Piketty
Mesurer le racisme,
vaincre les discriminations

À paraître

Clémentine Autain
Les Faussaires
de la République

Rachid Benzine
L'Identité heureuse

Alain Supiot
La Justice au travail
Quelques leçons de l'histoire

Direction éditoriale : Julie Clarini, Antoine Böhm
Conception graphique : François-Xavier Delarue
Réalisation : Nord Compo à Villeneuve-d'Ascq
Impression : Normandie Roto Impression S.A.S. à Lonrai (61)
Dépôt légal : février 2022. N° 149747 (2106978)
Imprimé en France